CHANSONS

DE

MM. LES AUTEURS ET ACTEURS

DU

THÉATRE DES VARIÉTÉS,

QUI ONT ASSISTÉ A L'INAUGURATION DU BUSTE

DE S. M. CHARLES X.

> Que l'on s'embrasse, et que l'on se confie
> Au cœur d'un si bon Roi.
> BRAZIER.

PRIX : 5o c. (au bénéfice des Pauvres).

AU FOYER DES VARIÉTÉS,

ET CHEZ TOUS LES M^{DS} DE NOUVEAUTÉS.

1824.

AVERTISSEMENT.

Le samedi 13 novembre 1824, après le spectacle, les Acteurs et Actrices du Théâtre des Variétés, et plusieurs Auteurs, se sont réunis à un banquet donné par les Administrateurs, pour l'inauguration du Buste de Sa Majesté Charles X.

Cette réunion qui a eu lieu dans le foyer du public, a été des plus brillantes. Rien de plus intéressant que le commun accord qui y régnait. On a applaudi, avec ivresse, le bon esprit de tous les couplets qui ont été chantés par Messieurs les Auteurs et Acteurs. Quand une chanson était finie, avant d'en recommencer une autre, on portait une santé à Charles X, à ce monarque qui a su rallier tous les partis; et le cri général : *Vive le Roi!* partait du cœur de chaque convive, avec un enthousiasme qu'on ne saurait décrire.

Au dessert, une collecte a été faite au profit des pauvres; elle a été remise entre les mains de M. le Maire du deuxième arrondissement.

C'est d'après le consentement des Auteurs, qu'un des convives publie aujourd'hui le Recueil des Couplets qui ont été chantés à ce Banquet.

Nota. Les Chansons sont ici classées par ordre, comme elles ont été chantées.

CHANSONS

DE MM. LES AUTEURS ET ACTEURS

DU

THÉATRE DES VARIÉTÉS,

QUI ONT ASSISTÉ A L'INAUGURATION DU BUSTE

DE S. M. CHARLES X.

LE MODÈLE DES ROIS.

AIR: *Chant français.*

Dans cette enceinte où les plaisirs
Ont établi leur résidence,
Il ne manquait à nos désirs
Que cette auguste ressemblance.
Ces traits, remplis de majesté,
Offrent une image fidèle
Et de grandeur et de bonté !
Voilà des Rois le vrai modèle (1) !

(1) Les Chanteurs se plaçai ent près du buste de Sa Majesté.

6.

Son regard promet le bonheur,
Sa bouche semble le prédire;
Qui pourrait douter de son cœur
En voyant son noble sourire?
D'esprit, de grâce, tour à tour,
Chacun de ses mots étincelle,
Et tous nous peignent son amour.
Voilà des Rois le vrai modèle!

Des vieux soldats, des malheureux,
Il est l'espoir, il est l'idole :
L'aveugle, en recouvrant les yeux,
Voit ce bon Roi qui le console.
Il veille au maintien de nos droits,
Et de son armée immortelle,
Récompense tous les exploits.
Voilà des Rois le vrai modèle!

Ce noble buste, dans ces lieux,
Du plus doux amour me transporte.
Le bonheur, les ris et les jeux
D'un bon Roi sont l'heureuse escorte :
Momus qui, de cette maison,
A fait sa demeure fidèle,
Aujourd'hui reçoit la raison,
Pour fêter des Rois le modèle.

LÉONARD-TOUSEZ.

VIVE LE ROI!

Ces couplets ont été chantés par M. Steph Crétu.

Air : *Vaudeville de l'intérieur de l'étude.*

Plus de discorde, plus d'envie,
De joie on se sent animé ;
Tout prend une nouvelle vie
A l'aspect du Roi bien aimé ;
Ses bontés entraînent, captivent ;
Mes amis sous sa douce loi,
Puisque tous les beaux arts revivent :
   Vive le Roi ! Vive le Roi !

Il ne veut plus de hallebarde,
L'approcher, c'est combler ses vœux ;
L'amour des Français est sa garde,
Il est heureux au milieu d'eux :
A son cœur toujours on arrive ;
Puisque près de lui sans effroi,
Il veut que tout le monde vive.
   Vive le Roi ! Vive le Roi !

Vous l'avez entendu, j'espère,
« Tous mes sujets sont mes enfans,

» Je suis également le père,
» Dit-il, des petits et des grands. »
Puisqu'il n'est pas de différence,
Répondons, dans un doux émoi,
Au Roi qui dit : Vive la France !
Vive le Roi ! Vive le Roi !

ARMAND-DARTOIS.

VIVE LE ROI!

Air: *A vot' santé, à vot' santé* (Diner de Madelon).

Plus de rancune, plus d'offense,
Ne nous reprochons aucun tort;
Et sous le règne qui commence,
Amis, soyons toujours d'accord.
En CHARLE ayons tous confiance,
C'est un prince de bon aloi.
Allons chantons: *Vive la France!*
Vive le Roi! Vive le Roi!

Plus d'une peine est effacée.
Les journaux de tous les partis,
Libres d'exprimer leur pensée,
Sont à présent du même avis.
Le Courrier, la Quotidienne,
De bonne humeur, de bonne foi,
Chantent enfin la même antienne:
Vive le Roi! Vive le Roi!

Depuis dix ans.... douleur amère!
J'avais perdu bien des amis,
Je ne pouvais plus voir mon frère...
Un mot nous avait désunis.

Mais aujourd'hui.... quelle allégresse
Je les presse tous contre moi.
Et nous chantons dans notre ivresse :
Vive le Roi! Vive le Roi!

Goûtons un bonheur sans mélanges.
Amis, dans nos petits couplets,
Adressons de justes louanges
A ce nouveau Roi des Français.
De célébrer sa bienfaisance,
Imposons-nous la douce loi.
Allons chantons : *Vive la France!*
Vive le Roi! Vive le Roi!

E. ARNAL.

COUPLETS.

(Ces Couplets ont été chantés par M. LEPEINTRE.)

AIR : *Vaudeville du Passe-Partout.*

Selon nos vœux, lorsque la Providence
Nous ramena BOURBON et ses vertus,
Charles ému dit avec bienveillance :
« Amis, c'est un Français de plus. »
Partout dans la France enivrée,
Il ne trouva que des admirateurs ;
Et le premier, s'il y fit son entrée,
Il est aussi le premier dans nos cœurs.
      Reprise en chœur.

AIR : *Patrie, Honneur, pour qui j'arme mon bras.*

     (De la Somnambule.)

Pendant dix ans, Louis le *Désiré*,
Sur les Français répandit mille charmes ;
Hélas ! vers lui, le Ciel l'a retiré !
Charles parut pour essuyer nos larmes ;
Aussi chacun, par l'amour enflammé,
  L'a surnommé :
 Charles le bien aimé !
      Bis en chœur.

Dans le Conseil, il appelle son fils,
Digne Héros, dont l'âme est généreuse :
Seconde-moi, dit-il, par tes avis,
Et tous les deux rendons la France heureuse !
Aussi chacun, par l'amour enflammé,
  L'a surnommé :
Charles le bien aimé !
        Bis en chœur.

Air : *Et j'aurai trop souvent dit : non.*

    (Vaudeville de l'Actrice.)
Aux vieux guerriers buvant rasades,
Il vient partager leur gaîté (1) ;
En rendant visite aux malades,
Il sait leur rendre la santé (2).
Des malheureux, Charle est le père,
C'est à qui d'eux le bénira :
Et par le bien qu'on lui voit faire,
On juge du bien qu'il fera.
        Bis en chœur.

Air : *Le Luth galant.*

Prince galant, sensible et généreux,
Il ne se plaît qu'à faire des heureux !

(1) Aux Invalides. — (2). A l'Hôtel-Dieu.

Aimable en ses discours,
D'être affable il s'honore;
Ce Prince qu'on chérit, ou plutôt qu'on adore,
Fait du bien tous les jours,
Et veut en faire encore;
Il en fera toujours.
Bis. Reprise en chœur.

AIR : *Faut d' la vertu, pas trop n'en faut.*

La France n'a que des amis,
Tous les partis
Sont réunis;
Il n'en est qu'un seul, sur ma foi,
Un seul, c'est le parti du Roi.
(Reprise en chœur.)

Avec Charles, point de cabale;
S'il existe quelques abus,
Il suffit qu'on les lui signale,
Aussitôt il n'existent plus.
La France, etc. (*En chœur.*)
Récompensant chaque service,
De tout Français il est l'appui;
Charles règne par la justice,
Henri quatre revit en lui.
La France, etc. (*En chœur.*)

Pour tous ses sujets, c'est un père ;
Aussi nous voyons Charles dix
Unir, sous la même bannière,
Les preux de Wagram, de Cadix.
La France, etc. (*En chœur.*)
Que les Acteurs et les Actrices,
Toujours vivent unis entr'eux ;
Soyons d'accord dans les coulisses
Comme en France on l'est en tous lieux.
La France, etc. (*En chœur.*)

Pour Charles et pour la Patrie,
Nos sermens seront respectés ;
Pour eux jamais on ne varie,
Au Théatre des Variétés.
La France, etc. (*En chœur.*)
Au Roi, quand nous rendons hommage,
Auteurs, Acteurs et Directeurs,
En plaçant ici son image,
Qu'elle soit toujours dans nos cœurs.
(*En chœur.*)
La France n'a que des amis,
    Tous les partis
    Sont réunis ;
Il n'en est qu'un seul sur ma foi,
Un seul, c'est le parti du Roi !

Coupart.

POUR CHARLES X.

Air : *V'la c'que c'est qu' d'avoir du cœur.*

Le vin soutient notre gaîté,
Il fait dire la vérité;
Nous avons bu celui d'Espagne;
    Près de ma compagne,
    Sablant le Champagne,
J'en bois deux coups, trois, quat', cinq, six,
Pour mieux fêter CHARLES X.

Lorsqu'il forme quelques projets,
C'est pour le bien de ses sujets;
Admirons son ame sublime,
    Ah! comme il s'exprime!
    Ce Roi légitime!
Buvons pour lui trois coups, cinq, six,
Pour mieux fêter CHARLES X.

Sur son visage est la gaîté,
Dans son cœur règne la bonté;
Par lui, nous pourrons, je l'espère,
    Dans la sainte terre,
    Reconduire un frère.
Ce jour-là, je bois comm' trente-six,
En l'honneur de CHARLES X.

                          LEFEBVRE.

OH ! IL EST FAMEUX.

Air : *d'Aristipe.*

J'crois qu'jai d'l'esprit, moi j'vous l'dis sans bêtise,
Ç'a fait qu'jai fait trois couplets pour le Roi !
Pour le chanter, moi j'm'exprime à ma guise....
Car j'l'aim'comm'tout et tout l'mond' l'aime comm' moi.
V'là mon idé', sur CHARLES qu'on admire !
Lui qu'est si bon ! Lui qu'est si généreux ;
En le voyant, tout un chacun doit dire :
Ah ! quel bon Roi !.... en voilà un fameux (*bis*) !

A l'Hôtel-Dieu, il consol' chaqu' malade,
Car ce Roi là, il faut qu'il aill' partout.
Aussi content ! qu'à un jour de parade,
Travers'les sall', veut tout voir jusqu'au bout
Puis s'retournant, dit-il, tout à mon aise :
D'chez moi, j'puis voir l'asil' des malheureux,
Ah ! d'un grand Princ', voila bien l'am' française !
C'monument-là, pour son cœur est fameux (*bis*) !

Dans c'bel Hôtel, l'temple de notre gloire !
Fallait le voir au milieu d'nos guerriers !

Jeunes et vieux,.... ces fils de la victoire,
Ont inclinés devant lui leurs lauriers !
« Voyons la soup', dit le Roi, » on y en donne,
L'chef de cuisin', lui dit d'un air joyeux :
Sir ! goûtez-là.... vous voirez qu'à sent bonne...
Oui ! s'écrie CHARL', l'pot-au-feu est fameux (*bis*)!

FRANÇOIS, *boulanger des Cuisinières*.

Pour copie conforme,

ODRY.

LA GRANDE RÉCONCILIATION.

Air : Du Dieu des bonnes gens.

Charles a dit : « Français, vivez en frère,
» Je veux régner pour le bonheur de tous :
» Plus de débats, plus de partis contraires ;
» Qu'un Français seul soit de plus parmi vous ».
Que notre amour pour lui se fortifie,
Jamais Bourbon manqua-t-il à sa foi ?
Que l'on s'embrasse, et que l'on se confie
    Au cœur d'un si bon Roi. (*Bis.*)

En visitant le toit de la souffrance,
Ce prince a dit, dans l'élan de son cœur :
« Ah! qu'il est doux, messieurs, pour la puissance,
» De découvrir l'asile du malheur ! (1) ».
Plus d'un bienfait chaque jour justifie
Que de son or il fera bon emploi.....
Que l'on s'embrasse, et que l'on se confie
    Au cœur d'un si bon Roi. (*Bis.*)

A ses sujets Charles s'est fait connaître ;
Dans le conseil que lui-même a choisi,
Pour que jamais l'intrigue ne pénètre,
Il fait asseoir son fils auprès de lui.

---

(1) Paroles de S. M. le jour de sa visite à l'Hôtel-Dieu.

A son aspect quand tout se vivifie,
Quand il confond Wagram et Fontenoy....
Que l'on s'embrasse, et que l'on se confie
    Au cœur d'un si bon Roi. (*Bis.*)

Quand de son frère il reçut la couronne,
Il respecta son ouvrage immortel :
Et fit serment, en montant sur le trône,
De maintenir ce pacte solennel !
Libre et content quand il le ratifie,
De le défendre il s'impose la loi.
Que l'on s'embrasse, et que l'on se confie
    Au cœur d'un si bon Roi. (*Bis.*)

Buvons, amis, au fils de Henri quatre,
Au descendant du noble Béarnais,
Qui sut aimer, boire, plaire et combattre,
Et conquérir la paix et ses sujets.
Dans nos tonneaux le vin se clarifie,
Buvons à Charle, et chantez avec moi :
Que l'on s'embrasse, et que l'on se confie
    Au cœur d'un si bon Roi. (*Bis.*)

                  BRAZIER,
Employé à la Bibliothèque particulière du Roi.

A LA SANTÉ DU ROI.

Vaudeville.

Air: *Dans la vigne à Claudine.*

Un fabricant.

Buvons à ce Roi sage
Qui, dans un noble élan,
Veut que l'on encourage
Le modeste artisan.
Pour lui que l'on me verse
Du vin de bon aloi,
Je suis dans le commerce...
A la santé du Roi !

Un homme de lettres.

Amis; buvons sans cesse
Au Roi plein de bonté,
Qui sut rendre à la presse
Sa noble liberté !
La vérité résiste
Aux abus, c'est pourquoi
Moi, qui suis journaliste...
A la santé du Roi !

Un jeune homme.

Dans un tems moins prospère
Qui, grace au ciel a fui,
Le fils quittait le père
Dont il était l'appui;
Et la mort et la guerre
Semaient partout l'effroi....
Moi, je soutiens ma mère...
A la santé du Roi!

Un bourgeois.

Ce Roi que chacun aime,
Par le bien est guidé;
Il consolide même
Le tiers consolidé.
Mes raisons sont patentes,
Chacun pense pour soi :
Moi, Messieurs, j'ai des rentes,...
A la santé du Roi!

Un soldat.

Amis, buvons encore
Au Prince généreux,
Qui, de sa main, décore
Le soldat valeureux.

Il récompense en père
Et l'honneur et la foi ;
Moi, je suis militaire...
A la santé du Roi !

L'AUTEUR DES COUPLETS.

Puisque chacun en France
Peut compter sur le Roi,
Que, plein de confiance,
On bénisse le Roi !
Imitez votre chantre,
Quand il boit pour le Roi,
A gauche, à droite, au centre !...
A la santé du Roi !

CARMOUCHE.

LE VOILA !

Air : *On y va !!*

Celui qui de nos larmes
Vint arrêter le cours,
Qui fait aux jours d'alarmes
Succéder d'heureux jours,
Dont le nom seul fait battre
Nos cœurs qu'il consola ;
Qui nous rend Henri-Quatre...
Le voilà ! le voilà !

Celui de qui les grâces,
Dans l'âge des plaisirs,
Escortèrent les traces,
Charmèrent les loisirs,
Q'avant le diadème,
Le myrtre couronna
Qu'on aima... comme on l'aime...
Le voilà ! le voilà !

Celui de qui la vie,
Long modèle d'honneur,
De la chevalerie
Toujours offrit la fleur;
Chez qui, contre l'usage,

On voit cette fleur-là
Survivre aux fruits de l'âge,
Le voilà ! le voilà !

Celui dont la couronne
Nous protége aujourd'hui ;
Qui plaça sur son trône,
La clémence avec lui ;
Qui, changeant la fortune,
De vingt couleurs, déjà,
A su n'en faire qu'une...
Le voilà ! le voilà !

Celui dont la parole
Electrise, attendrit,
Dont le regard console,
Dont la grâce enhardit ;
Qui, ne voulant pour gardes,
Que les cœurs qu'il gagna,
Dit : plus de hallebardes...
Le voilà ! le voilà !

Celui qui sur le nôtre,
Réglant son avenir,
Commence comme un autre
Serait fier de finir ;
Que le cri de la France

En tous temps appela :
Français par excellence...
Le voilà ! le voilà !

Enfin celui qui semble,
Au trône à peine assis,
De tous les biens ensemble
Combler notre pays...
Pour qui, l'âme ravie,
Tout Français donnera
Son or, son sang, sa vie...
Le voilà ! le voilà !

DESAUGIERS.

L'ÉLOQUENCE DU COEUR.

Air : *Tra la la.*

Viv' le Roi !
Viv' le Roi !
C'est le cri cher à la France.
Viv' le Roi !
Viv' le Roi !
V'là mon éloquence,
A moi.

En fait d'sentimens d'discours
Les meilleurs sont les plus courts,
Faut-il chercher tant d'façons
Pour bien chanter nos Bourbons.
Viv' le Roi !
Viv' le Roi !
Ce mot doit suffir' je pense.
Viv' le Roi !
Viv' le Roi !
V'là mon éloquence,
A moi.

Le maire de notre hameau
Cherchait un discours bien beau,
Moi j'lui dis monsieur Durand
Fait's nous crier simplement,
Viv' le Roi !
Viv' le Roi !

C'mot là vient sans qu'on y pense.
   Viv' le Roi !
   Viv' le Roi !
V'là d' l'éloquence,
  D'bon aloi.

 Quand l'tonnerre et ses éclats
D'un vaisseau brise les mâts,
Bravant la fureur des flots
Que disent nos matelots.
   Viv' le Roi !
   Viv' le Roi !
C'cri là leur rend l'espérance,
   Viv' le Roi !
   Viv' le Roi !
C'mot dissipe leur effroi.

 Quand j'vois un Français boudeur,
J'lui mets sa main sur mon cœur,
Et j'lui dis avec émoi,
Mon ami, crie avec moi,
   Viv' le Roi !
   Viv' le Roi !
Nous voilà d'intelligence.
   Viv' le Roi !
   Viv' le Roi !
V'là mon éloquence,
  A moi.

Dans l'asyle d'ladouleur
Voyez c'Roi consolateur,

Ces mots heureux, sa bonté,
Ont ramené la santé.
   Viv' le Roi !
   Viv' le Roi !
Pour guérir les maux d'la France,
   Chacun pense
    Avec moi,
Qu' c'est l'vrai moyen sur ma foi.

Ces traits où la majesté
S'adoucit par la bonté,
Offrent bien à l'œil ravi
Le portrait d'un Roi chéri,
   Le sculpteur
   Dans son cœur
A trouvé la ressemblance,
   Bonne foi,
   Franc aloi,
V'là c'qu'il faut pour peindre un Roi.

Joyeux prêtres de Bacchus
Francs déservans de Momus,
Consacrez à nos Bourbons,
Vos lyres et vos flacons.
   Si par fois
   De vos voix,
Le vin trouble l'harmonie.
   Quand on crie :
   Viv' le Roi !
Les cœurs sont d'accord ma foi.

      Amédée Tourret.

L'INAUGURATION.

Air : *De Julie.*

Honneur au phydias moderne
Qui sut nous rendre tous les traits,
De ce prince qui ne gouverne
Que pour le bonheur des Français ;
A nos yeux cet artiste brille
De l'éclat le plus séduisant ;
Ce buste, grâce à son talent,
Devient un portrait de famille.

A la défaillante vieillesse,
Charles donne des soins constans ;
Dans l'asyle de la détresse
Il ranime par ses accens ;
Il dissipe toutes les haines ;
Vrai modèle de l'amitié,
On le voit toujours de moitié
Dans les plaisirs et dans les peines.

Il rend l'essor à la pensée,
Il récompense la valeur,
De bienfaits sa route est tracée ;
C'est un ange consolateur.

Prince chéri, par sa présence
Il calma nos maux et nos pleurs,
Il régnait déjà dans nos cœurs
Avant que de régner en France.

Du grand Henri la noble race
Nous donna des rois généreux,
Qui, tous en marchant sur sa trace
Comme lui firent des heureux.
De Charles suivant les bannières,
Oui, d'âge en âge nous dirons :
Dans la famille des Bourbons
Les vertus sont héréditaires.

BOUGNOL.

LE CRI GÉNÉRAL.

CHANSON IMPROVISÉE.

Air de la *Robe et les bottes*, ou *Vaudeville de Trilby*.

Oui, le voilà, ce Roi que l'on admire !
  Il semble accorder, tour-à-tour,
  Aux artistes un doux sourire,
  Aux dames un regard d'amour.
Gloire aux Bourbons! Gloire et reconnaissance !
Que ce soit là désormais notre loi :
Le noble cri des Artistes, en France,
Sera toujours, toujours! *Vive le Roi!*

J'entends le Cygne aux ailes étendues !
Le grand Corneille a plusieurs héritiers ;
De l'Hélicon, les cimes sont connues,
De fleurs nos Rois en sèment les sentiers.
Gloire aux Bourbons! Gloire et reconnaissance !
Que ce soit là désormais notre loi :
Le noble cri des Poètes, en France,
Sera toujours, toujours! *Vive le Roi !*

A l'innocent, Charles dix est propice !
  Et le Crime, enfin, aux abois,
  S'enfuit en voyant la Justice
  Assise au trône de nos Rois.
Gloire aux Bourbons! Gloire et reconnaissance !
Que ce soit là désormais notre loi :
Le noble cri des Magistrats, en France,
Sera toujours, toujours! *Vive le Roi!*

De l'opulence, à l'active industrie,
    Les chemins sont toujours ouverts;
    Le pavillon de la patrie
    Flotte, admiré, sur les deux mers.
Gloire aux Bourbons! Gloire et reconnaissance!
Que ce soit là désormais notre loi :
Le noble cri des COMMERÇANS, en France,
Sera toujours, toujours, *Vive le Roi!*

Loin de nos murs avait fui la Victoire,
    Devant l'univers conjuré,
    Un Bourbon, connu de la Gloire,
    S'élance..... et tout est réparé.
Gloire aux Bourbons! Gloire et reconnaissance!
Que ce soit là désormais notre loi :
Le noble cri des GUERRIERS de la France,
Sera toujours, toujours! *Vive le Roi!*

                E. THÉAULON,
                  De la Légion-d'Honneur.

LE ROI NE MEURT PAS EN FRANCE!

AIR: *Vive le Roi! Vive la France!*

« Le Roi n'est plus.... Vive le Roi ! »
Ces mots retentissent encore ;
Au Monarque aimé, sans effroi,
Succède un Prince qu'on adore.
La Monarchie a conservé
Ce vieil adage d'espérance;
Et CHARLES nous a bien prouvé
Que le Roi ne meurt pas en France.

Français galant, preux Chevalier,
Toujours brûlant de nobles flammes,
Jadis on vit François premier
Tout à l'honneur, et tout aux Dames ;
Par Mars et l'Amour élevé,
Partout il montra sa vaillance....
Français, CHARLES nous a prouvé
Que le Roi ne meurt pas en France.

Des Français connaissant la foi,
Henri, s'éloignant de ses gardes,
Disait : « Entre mon peuple et moi,
» Je ne veux point de hallebardes ! »
Ce bon Roi s'était réservé
Le droit d'adoucir la souffrance !...
Français, CHARLES nous a prouvé
Que le Roi ne meurt pas en France.

Louis-le-Grand, ce fils de Mars,
Faisait jaillir du rang suprême,
Sur la couronne des beaux-arts
Tout l'éclat de son diadême;
Aux lettres était réservé
Son noble appui pour récompense....
Français, Charles nous a prouvé
Que le Roi ne meurt pas en France.

Dans tous les temps, chez nous le Roi,
Donna l'exemple du courage :
Ivry, Bovines, Fontenoi,
Sont un glorieux héritage.
Et si jamais on menaçait
Notre sol, notre indépendance,
Français, Charles nous prouverait
Que le Roi ne meurt pas en France.

Par MM. Merle et De Courcy.

TABLE

PAR LETTRE ALPHABÉTIQUE.

CHANSONS DE

MM.	Pag.
Arnal (E.)	9
Bougnol	29
Brazier	18
Carmouche	20
Coupart	11
Courcy (F. De)	33
Dartois (Armand)	7
Désaugiers	23
Lefevre	15
Merle	33
Odry	16
Théaulon (E.)	31
Tourret (Amédée)	26
Tousez (Léonard)	5

IMPRIMERIE DE GOETSCHY RUE LOUIS-LE-GRAND N.º 27.

www.ingramcontent.com/pod-product-compliance
Lightning Source LLC
Chambersburg PA
CBHW060518050426
42451CB00009B/1044